Peter Lampe
wortglassplitter

edition exemplum

Peter Lampe

wortglassplitter

lyrisches und episches

ATHENA

Bibliografische Information der Deutschen Bibliothek

Die Deutsche Bibliothek verzeichnet diese Publikation in der Deutschen Nationalbibliografie; detaillierte bibliografische Daten sind im Internet über <http://dnb.ddb.de> abrufbar.

1. Auflage 2005

Copyright © 2005 by ATHENA-Verlag,
Mellinghofer Straße 126, 46047 Oberhausen
www.athena-verlag.de

Alle Rechte vorbehalten

Texte der Seiten 11f., 41 und 56f. aus: Peter Lampe, Felsen im Fluss: Schriftworte in provokativer Auslegung zu Themen der Zeit. Neukirchen-Vlyun: Neukirchener Verlag 2004.

Druck und Bindung: Difo-Druck, Bamberg

Gedruckt auf alterungsbeständigem Papier (säurefrei)

Printed in Germany

ISBN 3-89896-225-3

Für Uta-Maria, Tabita und Markus

Inhalt

menschen

ich I: postmodern patchwork   11
ich II: einheit in gott?   12
allein   13
auf einen sokratischen silen in midlifecrisis   14
homo vel deus homini lupus?   16
wortglassplitter im sprachlosen   17
asylheim zwischen den welten   20
rondel: ein schleiertanz   21
in bauschigen burkas   22

natur

september   25
phrygien   26
herbst   27
herbstkarikatur   28

stadt

venedig 2003   31
new york im märz 2005   34

weihnachtszyklus

der himmel im stalltrog – geflüsterte weihnacht   41
am falschen ort zur unrechten zeit?   42
christnacht (I)   43
christnacht (II)   44
chimäras schwiegertochter   45

zu singen nach der alten leier-weise   46
solitude   47
altjahrsparty   48

gott nicht zu weihnachten

karfreitag   51
ostern   52
keine antwort (matthäus 15)   53
prière liturgique face aux enfants terroristes   54
zwischen nacht und morgen   55
zu markus 4,35-41   56
schriftworte   57
die wörter beim wort nehmen   58

zwischen mars und venus – abgründe und brückenschläge

spannt sich der bogen   61
getrennt   62
--/--/--/-/-/   63
verdichten – oder antwort auf einen brief   64
der Liebe tod   65
schwangeres jetzt   66
distanz und nähe   67
meeressegeln   68
epigraphik   69
zur rilkeschen pantherin   70
ganzes zu erlangen   71

menschen

Ich I: postmodern patchwork

wo bist du, aus einem guss gegossener lebensentwurf
des nachaufklärerischen individuums?
ich-zerrissen wäre ich,
wenn das Ich noch wäre,
was die hirnforscher uns auszureden suchen:
treue Mir ein experiment
mit ungewissem ausgang

Ich II: einheit in gott? (johannes 21,7-13)

der im boot nackt, zieht sich
an, ins wasser zu springen

ein
        hun
        dert
        drei
        und
        fünf
        zig
        zappeln
        de
        fische
ein brot am boden brennende kohle
        ne
        bel
        schwa
        den
        des
        früh
        mor
        gens
        reiß
en

er nimmt das brot und gibt's
und das netz reißt nicht

allein

die see
drängt
woge um woge
auf fels,
überschäumend,
umarmend,
schaumstreichelnd,
küssend,
durch spalten
in tiefen dringend –
je zurückweichend.
einsam bleibt der fels.

do re mi gno ti sau ton –
auf einen sokratischen silen in midlifecrisis

so trottet dahin im zyklus des jahres
der typ, der im spiegel sich vor mir
des morgens die glatze rasiert.
dahin schleicht die kraft des satyr,
es glotzt der silen, der machtlos
mänaden an haarigen bauch sich presst.
dahin seine pläne, sein streben,
enttäuscht verwaltet er geizig sein grau vor
sich hin. hin vor sich hin plätschern worte
aus schalenwülstigen lippen,
die gelangweilt an der mänaden muscheln
nippeln.
von der knollennase dringt der rasenden mädchen
würzig wilder geruch
nicht mehr weiter ins grau seines hirns empor,
nicht der duft der blüte, die feucht auf
reifem granatapfel klebt.
kommt es schlimmer, wird bald priap
hymettischen honig und wolfsmilch
ihm zu verordnen sich eilen.
längst kennt er sich selber,
sein scheitern und mitleid am eigenen selbst,
die selbstironie, über die ironisch
er lächelt, und sein wissen, das den
abgrund des nicht-wissens umarmt
in einem akt des verlierens
im nichts,

das ihn angähnt unter dem
boden des sinns, den sein
huf durchbrach.
endlos brabbelt er hin vor sich
hin relativperioden von weisheit,
dahin vor sich hin
im betäubenden singsang des jahres,
bis im tod sein glied sich versteift
beim zärtlich fordernden griff der mänaden
nach dem rest seiner zeit.

homo vel deus homini lupus?

kaut an nägeln
lutscht an fingern
kratzt an wunden
eiter quillt

um der eltern
grabes kreuze
hängt der nebel
wie ein hemd

feuer schoss
aus kalten rohren
vergewal
tigung bloß wort

für das un
aussprechliche an
menschen de
nen allen droht
der tod

(aus der Zeit der Gräuel- und Kriegshandlungen
im ehemaligen Jugoslawien)

elfter september zweitausendeins –
wortglassplitter im sprachlosen

1
auch wenn der wolke staub
tausender qualen verbirgt,
unser fernsehaug, unsere hand
sie nicht mehr erreicht –
    wir schauen dem bösen
      ins rohe gesicht.

2
hass jene fraß,
wer, wer sie verlas?
wer, wer sie entlaubt?
dass mensch mensch als schlachtlamm raubt,

dass am mensch mensch zur bestie gerät,
allah, koran, kindsein verrät,
todfetzen wählt,
seelen schält.

3
alalala jubiliert
eine frau in nablus,
reizt im tanze den teufel zum kuss,
spreizt als V zwei der glieder zum gruß,
wehgebärt blutend fetzen und ruß,
wehe wehe weh, allah weint;

sitzt verboten jemand im west-
jordanland, dreht den draht
scharfer stacheln ums camp, bohrt den pfahl,
bohrt den fraß heißen hasses ins fleisch,
schläft im zelt koscher kalt koscher keusch,
wehe wehe weh, jahweh weint.

4
»will vergelten« ruft's im innern,
will hass auch da zelten,
entlauben auch mich des menschlichen seins,
wehe wehe weh, kind, du weinst.

5
und während ich schreibe,
spricht per handy ein priester
mit einer sterbenden,
eingeschlossen in tonnentrümmern.
hörst du luftloses totenwimmern?
gott, gehörst du
zu uns – oder doch zu jenen?
oder niemandem, den religiös wir wähnen?
nur den verlorenen, nur denen?

6
gott, zerbrechlich das welthaus,
der kosmos in ihm,
fenster zum tiefen,
in chaos ziehn.
wehe wehe weh, wer
muss springen
als nächster von allen?

7
und während du liest,
ist verstummt der eingeschlossenen wimmern,
bleibt ein rauschen im handy,
auf dem bildschirm ein flimmern.

(Fragmente vom 13. September 2001, als im Schock wir noch rätselten, wer hinter den Terrorakten steckte. Viele von uns hegten damals den Verdacht, diese Akte hingen ungleich direkter mit dem Palästinakonflikt zusammen – Fragment 3 –, als sich nachher herausstellte.)

asylheim zwischen den welten

zwei kahle birken tragen glitzernde eiszapfen
löschwasser in kalter nacht gefroren

aus dem hause steigt nachzüngelnder qualm
gestank beißt ins innere von nasenflügeln
zwei körper werden herausgetragen
in plastik eingesackt
zwei krähen klappen schwarze flügel
zapfen klirren
in den moment

aus totenstille
beißen zwei zahnreihen ins innere meiner unterlippe

(am Morgen nach der Brandstiftung in einem Lübecker Asylwohnheim)

rondel:
> *ein schleiertanz*
> *vom november 2001,*
> *als in kabul burkas gelüftet*
> *und bärte rasiert wurden*

vom schleier befreit
sind wangen und stirn,
vom finger entzweit
die gitter aus zwirn;
das auge schweift weit;
die runzeln verziern;
die lippen bereit
zum kusse, zum streit;
die nase verwirrn
die winde; es schneit;
nur bärtige friern,
vergittert in neid;
ich biete die stirn
der sonne, dem leid

in bauschigen burkas

hände klauben nach brotresten,
die sie kindern im mörser zerstoßen,
zu füllen der hungernden leere.

bauschige hülle bietet sich blicken,
gitterfenster vor dunklen augen,
sorgfältige gewandfalten alleiniger schmuck.

heimlich lüften sie schleier,
schminken im versteck,
kräuseln locken um finger im spiegel,

erschaudernd vor steinen,
die im fußballstadium
nach sterbenden freundinnen geworfen.

heimlich lehren sie kindern das schreiben,
lassen in ernste, in lächelnde gesichter sich schauen,
zu füllen der hungernden leere.

(vor dem November 2001)

natur

september

wenn sonne nassen blättern licht aufmalt,
wenn vom mondigen löwenzahn ein
stern blasser sägeblätter zwischen
steinplatten blieb,
sein segeln der samen dahin,
wenn hagebutte und blüte
am selben zweig wippen,
wenn ein windstoß furchige stirnhaut kühlt,
kiefer und kinn bestreicht,
der blüte duft entführt,
die meine wange beschleicht,
wenn wer würziges rauchfeuer schürt,
wenn wer mein haar zerwühlt,
weiß nicht wer,
wenn rosenkelche nur gebrochen duften
im kaminwarmen des hauses,
wohin neuer regen mich trieb,
wenn wehmütig ich Dich lieb:
als weißer löwenzahn flog,
berührten einander das letzte mal wir,
als auf demselben zweig wir wippten,
als einen stern nach dir ich benannte,
als vom mond wir nippten;
sonne mir du bist, es uns küsst

phrygien

mondsichelne bergrücken
fangen mir sinkende sonnenbälle,
stoppelfelder lodern
unter nächtlichem mars,
die trockene scharte des wasserfalls
lässt ahnen, was möglich wäre,
in staubigen windhosen wirbelt
über geerntete äcker pan,
jahrtausende alte ziegenherden
betupfen bartstoppelige hügelwangen,
goldsilbrige disteln knistern,
wilder thymian verströmt am
schäumenden wasser der flussstufe,
der berg wirft nackte hänge in falten,
leere nischen künden von verlorenem,
bergende höhlen der göttermutter
gebären urvergangenes neu,
granatäpfel füllen hände,
trauben den schoß.

herbstjagd

grüne steine
beschatten
flecken
weißen reifs

rotes wams trotzt
rötendem nordwest
gefleckte meute giert
nach süden
unter braunen decken
pulsieren muskulöse leiber
gebändigt von beschuhter hand

namen spreizen
über jahreszahlen
sich im sonnenlicht
auf grünen steinen

herbstkarikatur

herbstwind klatscht sein regenband
wieder nasskalt durch die lüfte,
leere ausgehobne grüfte
grinsen ahnungsvoll ins land,

köpfe ducken sich in krägen,
nießer schneiden schwere luft,
dampfend trocknen feuchte leiber
neben mir im omnibus,

spür in diesem feuchtgedränge
deinen schritt an meinem bein,
und bei jeder rechten kurve
drückt er fester sich heran,

feucht von außen und von innen,
klamm genießen – druck der welt,
bis bei nächster haltestelle
alles durcheinander fällt,

schon bist du mir jäh entrissen,
ohne anschrift steh ich da,
werd ich jemals wieder treffen
all den sommer, grad so nah?

stadt

venedig 2003

gestänke umhüllt duftspray:
süße maske;
traubengrüne augen;
lüsternes kleiden,
wo nacktes schreckt;
ein tabarro versteckt mit schwarzem,
ein volto deckt mit weißem,
doch die traubengrünen augen,
anziehend,
die bleiben,
und der Mund,
ausgezogen
in korallrosigen labien.

paradontose an
zernagten basen,
wo kanäle zum heilen
trockengelegt.
paramente vor fassaden
mit abbildern des dahinter,[1]
kleidend baustellen für zukunft,
gegenwart überbrückend,
zeitweiligen verlust des vergangenen
und gegenwärtiges rohlegen
bemäntelnd.

über brücken seufzende
liebe,
dahingondelnd,
kanalisiert
zur münchener bräukneipe
am ponte rialto
oder zum »hotel des bains«
der literarisch geweihten.
im »caffè lavena« junges gesicht
inmitten der flecken
des spiegelglases,
zukunftsvoller als die
silhouette richard wagners,
die zur erinnerung
an den scheiben klebt.
der campanile gegenüber
lässt die füße sich kitzeln
in taubenblauem geflatter,
lachend,
verlachend überfälligen gevatter.
im restaurant »il paradiso perduto«
spielt die letzte geige
vor dem vorletzten vaporetto.

gestänke umhüllen duftsprays,
süße masken
vor traubengrünen augen;
masken, papiermachéecht und plastikfalsch,
doch beide mit der träne des clowns.

flirtende vierzehnjährige
auf nächtlichem vaporetto:
nach zukunft schmeckende
brise vom meer.

[1] Im Jahre 2003 wurden viele Fassaden-Baustellen – in einer Maskerade der Palazzi – mit Riesenplanen zugehängt, auf denen die Konterfeis der je dahinter stehenden Patienten farbig abgebildet waren.

new york im märz 2005

verbeult der bronzene erdball,
der auf der plaza des world trade centers
einst für »weltfrieden« stand,
gelöchert in oberer hemisphäre.
im battery park umstellen ihn
wimpel, ein stoffbärchen,
verwelktes geblüm –
ein totenmal,
vor dem ewige gasflammen lodern.

in downtown kriechen am spätnachmittag
frostige schatten zwischen die türme,
deren zinnen erglühen:
über dem hudson,
hinter ellis island,
jenseits der freiheitsstatue
färben sich himmel rings um den feuerball.
ein leichentuch aus blech wirft sich über den arm
eines rostigen trümmerkreuzes auf ground zero.
ernster seit 2001 der erdball,
der unsrige.

doch noch ist kein ladenschluss
im »century 21« gegenüber.
aus seiner hohen mamorhalle
trägt die sonntagsgemeinde
die schnäppchen
in weißen tüten davon:

»can I schlepp your bags?«,
offeriert die jüngere sich dem alten.

bei pier A liegt vor mir
ein bronzener seemann
am boden sinkenden schiffes,
reckt den arm hinab
nach dem über bord gefallenen.
dessen oberkörper taucht
aus dem hudsonwasser auf,
beide strecken nacheinander sich aus:
noch berühren die hände sich nicht
– aber ich hoffe.

nacht in midtown bemalen leuchtreklamen.
am broadway singt in gewollt absurdem
king arthur in »spamalot«
gegen sein schwergemüt an:
»spür auf des lebens besonnte seite!«
    – beifall.
ein auf der bühne tot geglaubter
springt auf: »ich bin noch am leben!«
    – beifall.
doch »allein« fühlt sich arthur
inmitten menschlicher nähe
    – lachen, betroffen.
nicht christ zu sein, verheimlicht arthurs begleiter
dem königlich »schwerbewaffneten christen«
    – lachen, überrascht vom unerwartet politischen.

vom bordstein der seventh avenue
werden blaue müllsäcke verladen,
die kloschüssel allein wartet noch,
die des nachts von schnee überzogen.
der bettler schwenkt den styroporbecher
wie einen taktstock vor der carnegie hall;
zur seite gelehnt, noch schläft
sein kumpel auf kalter fliese.
aus meiner papptasse
dampft caramel macchiato,
der muffin in meiner papierserviette
krümelt inmitten polyglotter sprachfetzen:
alle rassen des erdballs vereint eine
rote fußgängerampel am times square
im wunsche rastlosen vortriebs.

voll erwartens erröten zinnen
der fifth avenue im morgendlichen lichte;
die türme sind zum appell angetreten,
ihre geschliffenen glaskanten
schneiden die luft in streifen,
die als düsenwinde die
nachtschluchten durchlüften:
ich suche die in sonne
getauchten straßenseiten.
vor rockefellers goldenem prometheus
spielt musik zum tanz auf der eisbahn.
an der ecke verdampft das hotdog-
wägelchen lockende gerüche.
zum aufwärmen fahre ich die
uralte hölzerne rolltreppe in macy's;

die nur für eingeweihte beschilderte u-bahn:
drei schwarze frauen schütten sich aus
vor lachen, während die vierte erzählt.
ich bewundere die weißen zähne
geteilten, vervielfachten lachens.
nicht »*allein*«.

inmitten des union squares balanciert eine taube
auf dem ausgestreckten arm der reiterplastik;
den kopf zur seite geneigt, blickt sie
george washington in die augen,
bevor sie wärmend in seinem schoß sich räkelt.
nicht »allein«.

den privaten gramercy park
teilen bewohner sich
der umstehenden alten türme:
alle mit einem schlüssel in der tasche,
den ich mir ausleihe,
um pathetisch zwischen rabatten
und auf der bank philosophisch
zu debattieren.
nicht »*allein*«.

um die ecke der wall street strotzt
der bronzene bulle vor fleischeskraft.
den kopf senkend, glänzt er
inmitten touristischer trauben
als fotostar der erdballstadt.
einen bären finde ich nirgends;
nur das stoffbärchen vor fritz koenigs

verbeultem globus
im nahen battery park.
»noch am leben!« – die meisten von uns.

weihnachtszyklus

der himmel im stalltrog –
   geflüsterte weihnacht

geflüsterte weihnacht
weil nähe keines lauten bedarf

weil höhen und tiefen von amplituden eine
   nacht lang keine rolle spielen
weil *in excelsis* für ein mal dasselbe
   bedeutet wie *in profundis*

ein für alle mal?

am falschen ort zur unrechten zeit?

inmitten meines sauberen kieswegs
                steht sie da:
                  blühend,
                    gelb,
                schrumpelig,
                 stummelig,
                        da sie
drei fröste
                überlebte:
              eine primel!

morgen ist weihnachten:
ich –   lass sie stehen.

christnacht (I)

gott

verletzlich
anvertraut
händen
wangen
brüsten
armen
der jungen frau

dem atem
wärmenden
tierleibs
den offenen
mündern
heillosen gesindels

christnacht (II)

          gott

in heilloses gesindel
in   frauen
in   tiere
in männer
       verliebt: so
       verletzlich:
       voll mutes

chimäras schwiegertochter –
weihnachtliches schenken, schenken,
immer weiterschenken

den silbergrauen muff von lea –
verschenk ich weiter an maria;
elenas tütchen selbstgebacknes
verehr ich dirk mit hannas matjes;
mireille bekommt mustafas gemmen,
weil beide weit und sich nicht kennen;
dianas set von lockenwicklern
vermach ich charlott gräfin pücklern;
und auch wenn ich gern selber tränke,
verpack ich schmidt den sekt von schenke;
yvonne kredenzt mir dresdner stollen:
als brief geht der mit viel verzollen
ab in die schweiz an konsul weder;
die ina erbt frau sados mieder.
da selbst für marc ich noch nichts habe,
geht lenas stahlglanz-küchenschabe
an ihn als luftpost-christmasgabe.

allein für dich, du sohn chimäras,
erdenk ich etwas originäres:
es ist dies poem! du, behalt es!

zu singen nach der alten leier-weise
 »dresch' ein auf weihnachtskommerz,
 tätschel besinnlichkeit!«

    XXL-X-mas
    kissmass
    santa, altprodukt von coca-cola,
    eilet
    lärmend
    schon zum schmus- und betttage
    herbei –

    »und die tische der geldwechsler
    und die stände der taubenhändler
    stieß er ...«
    »eine räuberhöhle habt ihr ...«
    »sie flürchteten sich voll ...«
    »alles voll verwundete sich über ...«
    »und abends gingen sie aus fourty stud«

O, ihr auf kirchenton asketisch und besinnlich
   gestimmten moralleiern:
sollen wir
nur unter dem mistelzweig
küssen?

solitude

wein zur weihnacht,
winifreda,
weil allein das radio singt
weisen alter lieder!
wein zur weihnacht,
weil versinkt
welches jahr auch immer!
wachen engel über dir?
waise bist,
wo der hoffnung gräber gähnen.
wieder endet unerfüllt
welchen traum du auch geträumt.
weinbrand deinen hunger stillt.

altjahrsparty

silvestergeknister
sibyllengeflüster
siderisches düster
sirenengebrüste
silenengelüste
synthetische lüster
sibyllengeflüster:
sinister sinister

silvester silvester
sylphiden im düster
siderische lüster
sirenengeküsste
symmetrische brüste
simandelgeläster
sibyllengeflüster
sic transit! mein bester

gott nicht zu weihnachten

karfreitag

gott von gott verlassen
durchkreuzte zukunft
gekreuzigtes gestern
gott schuldig
am tod
des unschuldigen?

geschenktes morgen

ostern

ein ei – versiegeltes grab
eine knospe – verhaltener frühling
ein blick – heimliche liebe

die schale bricht – das grab steht leer
die knospe platzt – der duft verströmt
ein blick erwidert – die wonne sprachlos

keine antwort
(matthäus 15)

er übertrat
die grenze
nach tyros.
sie schrie:
erbarm dich!
er schwieg.

ende offen.

dumpfes ahnen –
prière liturgique face aux enfants terroristes

domine,
wären kinder des terrors
wir,
jagten
wir
punkt 18 h c.t.
sieben mal vierzig christmetten
mitsamt unserer leiber in die lüfte
coelorum,
coelum et terras miscentes,
odio ardentes,
de coelis cadentes.

herre, schirme,
    cum odio eis simus,
christe, erbarmen dich greife,
    non viderunt enim stellam tuam in oriente,
herre, dumpf nebliges breche dein sternenstrahl,
    eléäson autous kai hämas! sy ge! kyrie!

(Ende November 2002)

zwischen nacht und morgen

zwischen nacht und morgen:
bilder des traums
werden wirkliches
bilden oder vom
wind zerstoben wie
schaumstreifen an der zerfließenden
grenze zwischen ozeanischer
brandung und strand.

zwischen nacht und morgen:
hinein in den
schlaf seiner gläubigen
singt der muezzin.

zwischen nacht und morgen:
gott durchbricht den schoß
einer jungen frau,
wird kind.

zwischen nacht und morgen:
der tod des karfreitags
wird verschlungen vom
blau
auf dem ozean
unseres alls,
hinter dem licht
aufsteigen wird.

zu markus 4,35-41

          herr,

wo ich verharre	brichst du auf
wo ich verflache	führst du ins tiefe
wo ich verzage	schläfst du im rumpf
wo ich aus dem ruder geworfen	gebietest du ruhe
wo angst mich furcht	führst du zur ehrfurcht
wo ich fern von ufern	bist du nah mir

          mit tätlichem wort.

schriftworte –

quer kommend
anstoß
durchrüttelnd
umwerfend
zum ausruhen
wärmend

– felsen im fluss.

vom predigen –
die wörter beim wort nehmen

gott zu erkennen,
bedeutet: erkannt zu werden;[1]
gott zu predigen:
am jabbok gepackt zu werden,
die luft aus den wörtern gedrückt zu bekommen,[2]
den ringplatz als gezeichneter zu verlassen,[3]
in »zittern und furcht«[2] worte zu finden,
die im ichsein wirklich wurden,
zerrissenes im selbst anzunehmen,
eigene gottferne nicht zu bemänteln,
bedeutet, mit uns fröstelnden
einen geschenkten mantel zu teilen.

---

[1] 1. Korinther 8,1-3.
[2] 1. Korinther 2,1-5.
[3] 1. Mose 32,26.29.31-32; vgl. 2. Korinther 12,7.

zwischen mars und venus –
abgründe und brückenschläge

spannt sich der bogen

vom augenlicht
    zum lidschatten
vom finger
    zur handtellerfurche
vom mund
    zum mann
von fingerkuppen
    zur frau
von hauch
    zu haut
von zunge
    zu hals
von lippe
    zu lust:
von ich zu du.

getrennt

im nassen sand
strecke ich mich aus,
spüre jede welle, wie sie
mit brausendem druck heranrollt,
gurgelnd meinen unterleib umspült,
an mir saugend sich zurückzieht– wie das
auf und ab der e-mail-wellen von dir,
die mich stürmend umfangen,
in ihren sog mich ziehen,
wieder entfliehen.

--/--/--/-/--/-/-/

wie der wogenkamm tosend die klippe umspült, umfängt, umarmt,
wie die klippe sich kosen lässt, höflich und starr und unbewegt,
wie des wellenbergs gischt vor die brust, ins gesicht sie küsst,
wie die klippe sich kosen lässt, lächelnd und freundlich starr,
wie des wassers verströmen in spalten vordringt,
wie die klippe empfängt, nichts im innern verspürt,
wie die woge zurückfällt ins meer,
wie die klippe es abtropfen lässt –
so sind wir, du und ich.

--/-/--/--/-/-/-/
--/-/--/-/--/-/-/
--/-/--/--/-/
--/-/--/--/
--/--/

verdichten –
oder antwort auf einen brief

zu verdichten, was erfahren,
versuchen zeilen an mich;
zu verheilen, was verfahren,
was unverwunden verwundt;
zu versammeln, was zerredet,
auf einen punkt, der mich sticht:
»du liebtest mich nicht«.

der Liebe tod

weht wind
über kahle fläche
wo du liebtest mich einst
wo orange blühte
wo jetzt du weinst

wo zerbrochen
bananen
verloren
verschüttet
was im vergangenen
sich streckt

wo ermattet die perle
geleertes uns schreckt

schwangeres jetzt

schwüle schwere schwelt in wabernd warmer luft,
wälzt verschwitzte leiber in verwühltem bett;

würdelos vergangenes klebt an offnen poren,
wartend auf das lösen morgendlichen duschstrahls:

zukunft nur als negation des nun noch denkbar.

distanz und nähe

wenn ich an Sie schreibe,
beginne ich, Ihren duft zu atmen,
fühle ich Ihre hand
auf meiner rechten schulter,
die wärme Ihres schoßes
an meiner linken,
spüre ich Ihre wimpern
an meinem hals sich leise bewegen.

meeressegeln

geflüsterter sturm,
fallenlassen des selbst
in grünblaue tiefen
der anderen seele,
ankommen an gestaden,
deren dasein nicht gewusst,
friede im auge des wirbelwinds,
streichelnde gischt,
geflüsterter sturm.

epigraphik

epigraphie der finger
auf offenen poren:
stumme sprache in behutsam
sich schlängelnden linien,
würzduft aus gravuren lockend,
stimmhafte laute
hinter geschlossenen lippen weckend:
eine girlande am feuchtperlenden leib.
geschlossene lider
vor geöffneter seele.

zur rilkeschen pantherin

quietschten leis die rostigen gitter,
da sich öffnete ein riegel
in gestohlener vollmondnacht:
hinter tausend stäben duftiger jardin des plantes!
nach den tausend starken schritten,
kreisend »wie ein tanz von kraft um eine mitte«,
weite sprünge jetzt in einer geraden,
federnd leicht, mit wachem blick
zielend auf geschmeidige landung
über mir auf meiner brust:
bläst mir fauchend feurigen atem
auf die brauen und ins haar,
leckst mir schnurrend antlitz, ohren,
auch den schweiß aus feuchten achseln,
fühl dein herz und schweif mich schlagen,
spür dein fell an meiner haut,
zähne jetzt in meinen brüsten,
zuckend zitter ich wie du,
bis am ende du, auf meiner mitte
tanzend, nach gewaltigem beben
aller muskeln spannung
lässt und an mir geschmeidig locker
einschläfst hinterm »vorhang der pupille«,
wo im herzen jetzt sich werden
weben eindrücke so vieler blicke
zu dem teppich bunten träumens

ganzes zu erlangen

ganzes zu erlangen,
teilen wir,
teilen uns,
teilen schicht um schicht geschichte:
länger als mit mutter, mit vater,
      als mit kindern, mit freunden,
         als mit einsamem ich, einsamem du,
teilen junges, unser altern, künftigen tod,
halten hand,
halten an
      zu danken.